BEI GRIN MACHT SICH IHR WISSEN BEZAHLT

- Wir veröffentlichen Ihre Hausarbeit,
  Bachelor- und Masterarbeit

- Ihr eigenes eBook und Buch -
  weltweit in allen wichtigen Shops

- Verdienen Sie an jedem Verkauf

Jetzt bei www.GRIN.com hochladen und kostenlos publizieren

Bibliografische Information der Deutschen Nationalbibliothek:

Die Deutsche Bibliothek verzeichnet diese Publikation in der Deutschen National-bibliografie; detaillierte bibliografische Daten sind im Internet über http://dnb.d-nb.de/ abrufbar.

Impressum:

Copyright © 2018 GRIN Verlag
Druck und Bindung: Books on Demand GmbH, Norderstedt Germany
ISBN: 9783668872967

Dieses Buch bei GRIN:

https://www.grin.com/document/457435

Antonia Schmuck

Vorbereitung einer Präsentation zum Thema "Kreativitätstechniken erfolgreich im Unternehmen einsetzen"

GRIN Verlag

GRIN - Your knowledge has value

Der GRIN Verlag publiziert seit 1998 wissenschaftliche Arbeiten von Studenten, Hochschullehrern und anderen Akademikern als eBook und gedrucktes Buch. Die Verlagswebsite www.grin.com ist die ideale Plattform zur Veröffentlichung von Hausarbeiten, Abschlussarbeiten, wissenschaftlichen Aufsätzen, Dissertationen und Fachbüchern.

Besuchen Sie uns im Internet:

http://www.grin.com/

http://www.facebook.com/grincom

http://www.twitter.com/grin_com

Einsendepräsentation

Aufgabe 2:

„Kreativitätstechniken erfolgreich im Unternehmen einsetzten"

Modul: Selbstmanagement

Studiengang: Wirtschaftspsychologie (B.S.)

Von

Antonia Schmuck

Abgegeben am 31.07.2018

Inhaltsverzeichnis

1) Analyse der Zuhörer

Die Präsentation zum Thema „Kreativitätstechniken erfolgreich im Unternehmen einsetzten" wird vor ca. 20 Mitarbeitern und Führungskräften aus der regionalen mittelständischen Wirtschaft gehalten. Diese sind Mitglieder vom Verband der mittelständischen Wirtschaft. Eine Zielgruppenanalyse ist unter anderem der Schlüssel für eine erfolgreiche Präsentation. Als Präsentator muss ich mich nach den Zuhörern richten und meinen Vortrag auf sie abstimmen. Nur so erhalte ich die volle Aufmerksamkeit des Publikums. Ich kann davon ausgehen, dass die Gruppe in Bezug auf Bedürfnisse, Vorwissen und Einstellungen sehr heterogen ist. Die Zuhörer unterscheiden sich im Alter, in der Berufserfahrung, in der Branche des Unternehmens und dessen Größe. Aus diesem Grund habe ich mir eine gedankliche Analyse vorgenommen und meine Zuhörer in zwei Gruppen eingeteilt, Mitarbeiter und Führungskräfte. Ich habe mir überlegt was die beiden Gruppen jeweils an Motivation und Erfahrungen mitbringen und welchen Nutzen sie aus meiner Präsentation ziehen können. Folgend analysiere ich die Führungskräfte in Bezug zu deren Motivation, Erwartungen und Nutzen. Diese sind daran interessiert, wie man kreativ neue Ideen und Lösungen im Unternehmen generiert. Dazu gehört unter anderem auch, wie sie gezielt Kreativität bei Mitarbeitern fördern können, um gewohnte Denk- und Handlungsweisen zu durchbrechen und somit neue Wege entstehen zu lassen. Es wird erwartet, dass konkrete Kreativitätstechniken vorgestellt und zugleich erklärt werden, die sie nach dem Vortrag direkt im Unternehmen einführen können. Die Mitarbeiter hingegen wurden wahrscheinlich von ihren Arbeitgebern aufgefordert an dem Vortrag teilzunehmen. Dennoch werden sie ähnliche Erwartungen an die Präsentation haben, wie die Führungskräfte, was die Heranführung an Kreativitätstechniken angeht. Jedoch werden sie einen anderen Nutzen und eine andere Motivation mitbringen. Im Gegensatz zu den Führungskräften, steht für die Mitarbeiter eher ihre Persönlichkeitsentwicklung im Vordergrund. Für sie ist es besonders interessant, wie sie einen persönlichen Nutzen aus Kreativitätstechniken ziehen können, um so produktiver in ihrem Beruf sein können und eventuell vorhandene Probleme und Schwierigkeiten aufzulösen. Daher ist es für sie von besonderem Interesse zu erfahren, wie sie persönlich von solchen Methoden profitieren können und wie diese genau ablaufen. Es ist wichtig, dass während der Präsentation für beide Zuhörergruppen deutlich wird, dass Kreativität als Schlüsselkonzept für Problemlösungen und neue Wege gilt.

2) Zielsetzung und Kernbotschaft

"Man muss viele Frösche küssen, um auf einen Prinzen zu stoßen.", Arthur Frey, Erfinder *der gelben Haftnotizzettel von 3M.*

Es ist nicht die Aufgabe des Managements eigene kreative Ideen oder Konzepte zu entwickeln. Sie wollen dies aber bei ihren Mitarbeitern bewirken. Um dies zu fördern sollen Aufgaben vorgegeben werden, Freiräume eingeräumt und die Innovationsarbeit unterstützt werden. In meiner Präsentation stelle ich genau solche Unterstützungsmaßnahmen (Kreativitätstechniken) vor. Diese schützen das Projektteam vor Störungen und fördern den Bearbeitungsfortschritt. Somit wird Motivation bei den Mitarbeitern aufgebaut und durch das Fernhalten von Störungen, wie zum Beispiel durch sogenannte Killerphrasen, werden Denkfreiräume gewährt. Die Mitarbeiter kommen in einen "Flow" und kreative Lösungen sind durch divergentes Denken das Ergebnis. Es wird nach unkonventionellen Lösungen für ein spezifisches Problem gestrebt. Voraussetzung hierfür ist die Kreativitätsförderung im Unternehmen, durch die Führungskräfte und die Mitarbeiter. Kreativität soll als Schlüsselkonzept für innovative Ideen stehen.

3) Konzept

3.1 Thema der Präsentation

Um Kreativitätstechniken richtig erklären zu können, ist es essentiell den Begriff der Kreativität und deren Bedingungen, wie kreative Persönlichkeiten, der kreative Prozess, das Produkt und die Umwelt, gleich zu Beginn der Präsentation zu erklären. Erst dann kann gezielt auf das Thema „Kreativitätstechniken erfolgreich im Unternehmen anwenden" eingegangen werden. Zudem ist es wichtig, auf sogenannte Killerphrasen aufmerksam zu machen, damit die Zuhörer ein Bewusstsein für schädliche Einflüsse auf den Kreativitätsprozess entwickeln. Somit liegt der Fokus meiner Präsentation im ersten Teil auf dem Thema Kreativität, worauf sich dann die anderen Themen, wie Kreativitätstechniken, aufbauen. Zu diesen Themen gehören relevante Methoden der Kreativitätstechniken und wie die Zuhörer sich diese zu Nutze kommen lassen können.

3.2 Kreativität

Jeder kennt den Begriff „Kreativität", doch nur wenige werden in der Lage sein eine Definition zu formulieren. Die meisten Menschen assoziieren als erstes Kunst, bzw. künstlerische Arbeit mit dem Begriff. Es haben sich zahlreiche Missverständnisse und Mythen im Laufe der Zeit etabliert. Viele Menschen denken Kreativität sei angeboren, oder Kreative seien Außenseiter und Experten hingegen sind kaum kreativ. Was viele Menschen nicht wissen ist, dass Kreativität gefördert und erlernt werden kann. Außerdem sind kreative Menschen meistens diszipliniert, organisiert und konzentriert. Nur weil sie unkonventionell und offen Themen behandeln, heißt dies noch lange nicht, dass sie chaotisch sind. Dass manche kreative Individuen sich non-konformistisch verhalten und dazu tendieren emotionale und mentale Probleme zu haben, stimmt schon, jedoch geht es weniger kreativen Menschen oftmals genauso. Sie sind deswegen nicht gleich Außenseiter. Ein weiterer Mythos ist, dass Kreativität durch Gruppen entsteht. Natürlich ist an diesem Argument etwas Wahres dran; Brainstorming zum Beispiel findet in einer Gruppe statt. Dennoch kann man auch für sich alleine einen kreativen Prozess absolvieren. Kreativität wird oftmals in erster Linie Kindern und jungen Menschen zugeschrieben. Das lässt sich dadurch erklären, dass junge Menschen in der Regel offener und risikofreudiger sind, als ältere Menschen. Das bedeutet aber nicht automatisch, dass ältere Menschen pauschal als unkreativ gelten. Ein weiterer Irrtum über Kreativität ist, dass diese keine Technik braucht. Natürlich ist es nicht immer notwendig eine Kreativtechnik anzuwenden. Jedoch schaffen diese einen offenen Raum und helfen dabei Denkblockaden zu lösen. In der Regel bezeichnet Kreativität die Fähigkeit einer Gruppe oder eines Individuums, in phantasievoller und innovativer Weise zu denken und zu agieren.[1] Der Kreativitätsforscher Joy Paul Guilford sah Kreativität als eine Fähigkeit, mit der Personen Lösungsmöglichkeiten für Probleme finden. Er hatte zudem die Absicht, Kreativität als definierbares und messbares Konzept in der Psychologie einzuführen.[2] Er unterscheidet zwischen konvergentem und divergentem Denken, wobei er letzteres als Kreativität beschreibt. Unter divergentem Denken versteht man sich offen, unsystematisch und spielerisch mit einem Problem oder einem Thema zu beschäftigen. Konvergentes Denken beschreibt dagegen ein gewöhnliches, lineares und streng rational-logisches Denken. Demnach lässt sich sagen, dass kreative Menschen divergenter denken, als weniger kreative Menschen und Kreativität dabei als ein Persönlichkeitsmerkmal gesehen wird, was bei manchen Menschen stärker ausgeprägt ist, als bei anderen. Durch die Kombination von

---

[1] kreativitätstechniken.info: 2018
[2] Vgl. Guilford J.P.: 1967

Intelligenz und spezifischem Wissen, kann dies zu kreativen Leistungen führen. Dabei ist zu beachten, dass die kreative Leistungsfähigkeit in Wechselwirkung mit der Umwelt steht. Auf Basis der Forschungsergebnisse von Amabile (1998, S.86), lassen sich drei Komponenten aufzählen, die den Grad der Kreativität beeinflussen. Dazu zählen das Fachwissen und bereichsrelevante Fähigkeiten, kreativitätsrelevante Fähigkeiten und Strategien und eine intrinsische Motivation in Bezug zur Aufgabenstellung.

Das Dreikomponenten Modell von Amabile ist für Führungskräfte besonders interessant, denn alle drei Komponenten sind durch Arbeitsplatz, Tätigkeiten und Bedingungen beeinflussbar, wodurch man die Kreativität der Mitarbeiter steigern kann. Die intrinsische Motivation ist hierbei von besonders großer Bedeutung, denn ohne diese bringt einem Expertenwissen und eine kreative Denkfähigkeit nicht allzu viel, wenn man zu innovativen und neuen Ansätzen kommen möchte; es muss eine gewisse innere Passion und Motivation vorhanden sein. Dies belege ich auf folgendem Zitat von Amabile (T.M.: 1998, S.86); „[...] An inner passion to solve the problem at hand leads to solutions far more creative than do external rewards, such as money. This component -called instict motivation- is the one that can be most immediately influenced by the work environment." Die meisten Unternehmen versuchen mithilfe von extrinsischen Mitteln ihre Mitarbeiter zu motivieren, was erwiesener Maßen nicht den erwünschten Erfolg bringt.[3] Führungskräfte sollten darauf achten dass folgende Kernmerkmale der Arbeit vorliegen: Variabilität, Ganzheitlichkeit, Bedeutung, Autonomie, Selbstverantwortliches Handeln, Partizipation von Entscheidungsprozessen, Kenntnis der Ergebnisse der eigenen Aktivität, Anstrengung/Herausforderung. Diese Anreizbedingungen bewirken bei den Mitarbeitern eine erlebte Sinnhaftigkeit, Selbstverantwortung, Wertschätzung, Stolz und einen Flow, was zu einer hohen intrinsischen Motivation führt und somit die Kreativität steigert.[4] Für die Mitarbeiter ist es ebenfalls wichtig, sich darüber bewusst zu sein, was sie motiviert. Ein regelmäßiges vor Augen führen der Ziele steigert die Arbeitsmotivation und somit die kreative Leistungsfähigkeit. Um meinen Zuhörern ein noch konkreteres Verständnis von Kreativität mitzugeben, gehe ich nach meiner ausführlichen Beschreibung von extrinsischer und intrinsischer Motivation auch noch auf die vier Parameter der Kreativität ein. Darunterfallen; Person, Prozess, Produkt und Umwelt. Ich gehe knapp auf alle vier Parameter ein. Wie zuvor schon gesagt, ging Guilford davon aus, dass Kreativität ein Persönlichkeitsmerkmal ist; sprich, dass jeder Mensch eine andere Ausprägung an Fähigkeiten hat, kreativ zu sein. Auf Basis jeglicher Studien konnten Zusammenhänge

---

[3] Beitner, R.: 2004
[4] Hackmann, Oldham; 1980

zwischen Kreativität und Persönlichkeitsmerkmalen festgestellt werden. Dazu zählen Offenheit für neue Erfahrungen, Risikobereitschaft, Nonkonformismus, Unabhängigkeit, Ambiguitätstoleranz. Kreative Persönlichkeiten sind zudem meist weltklug und naiv zugleich, sowohl traditionell und konservativ als auch rebellisch und unabhängig. Sie sind extrovertiert und introvertiert zugleich und verfügen über eine hohe physische Energie (aber auch ruhig und entspannt).

Kreative Persönlichkeiten distanzieren sich von Rollenvorstellungen in Bezug auf männliche und weibliche Verhaltensweisen und wechseln oft zwischen Phantasie/Imagination und bodenständigem Realitätssinn. Zudem verbinden sie Leidenschaftlichkeit mit einem Höchstmaß an Objektivität und ein Verantwortungsgefühl mit Ungebundenheit. Dies belege ich auf Basis der Forschungsergebnisse von Mihaly Csikszentmihalyi.[5] Man kann sagen, dass diese Menschen sehr leidenschaftlich sind und oftmals hin- und hergerissen sind, aufgrund eigener Gefühle und Vorstellungen. Kreative Menschen brauchen offensichtlich ein gewisses Maß an Freiraum, um sich entfalten zu können. Dies sollte Führungskräften bewusst sein. Zudem sollten diese sich auch im Klaren über die kreative Umwelt sein, denn diese ist ein weiterer Parameter der Kreativität. Um den es Mitarbeitern zu ermöglichen, in den Flow zu kommen, ist es wichtig, wie die organisationalen Bedingungen für ein Team in einem Unternehmen sind. Grundsätzlich kann man die Umwelt in physische und soziale Umwelt einteilen. Eine physische Umwelt zeichnet sich dadurch aus, stimulierend zu sein, jedoch nicht zu reizen. Ein Raumwechsel oder ein Wechsel vom Besprechungsraum fördert die Kreativität. Bei der sozialen Umwelt ist es wichtig darauf zu achten, dass die Gruppe das Individuum stimuliert, die Organisationen sollten zu Innovationen bereit sein und dabei stets offen für Nonkonformisten sein.[6] Sobald eine kreative Umwelt, sowohl aus physischer als auch aus sozialer Sicht geschaffen ist, kann ein kreativer Prozess bei Mitarbeitern beginnen.

3.3 Die 4 Phasen der Kreativität

Dieser Prozess kann durch verschiedene Techniken bzw. Modelle gefordert werden. Solche Kreativitätsprozessmodelle bestehen meistens aus vier bis fünf Phasen. Dabei soll stehts mit einer Offenheit für neues und einem positiven Denken gearbeitet werden. Diese sind aufgeteilt in:

---

[5] Vgl. Csikszentmihalyi, M.: 2014
[6] Vgl. Arenberg, P.: 2015, S.21

1. **Problem verstehen**

   Das Problem muss gleich zu Beginn klar identifiziert und formuliert werden. Zudem wird in dieser Phase ein Wissenspool aufgebaut, um möglichst viel über das Problem zu erfahren. Dabei helfen Fragen wie „Welche funktionierenden oder nicht-funktionierenden Lösungsansätze gibt es schon?" oder „Wie ist die Struktur des Problems?". Dabei ist es wichtig, dass das Problem aus unterschiedlichen Richtungen gesehen wird.

2. **Ideen generieren**

   In der 2. Phase erfolgt das divergente Denken. Diese Phase wird auch „Phase der Eingebung" genannt. Es werden Lösungsvorschläge und Ideen gesammelt. Hier ist es essentiell, dass Quantität vor Qualität geht und Offenheit großgeschrieben wird. Ideen sollen auf keinen Fall kritisch betrachtet werden, Killerphrasen würgen den Flow ab.

3. **Ideen bewerten**

   Anschließend gilt es, die gesammelten Ideen zu bewerten und diese zu strukturieren; eine Gruppierung ist hier oftmals hilfreich. Da es in dieser Phase um die analytische Betrachtung der gesammelten Ideen geht, ist konvergentes Denken gefragt. Es soll auf Effektivität, Effizienz und Umsetzbarkeit geprüft werden.

4. **Idee umsetzten**

   Auf den kreativen Prozess folgt nun die Umsetzung der Lösungen. Sollte dies nicht gelingen, kann ein wiederholter Durchlauf nötig sein. Bei erfolgreicher Umsetzung ist der kreative Prozess abgeschlossen.[7]

Die einzelnen Phasen sollten klar und eindeutig voneinander getrennt werden. Nach erfolgreichem Abschließen des Kreativitätsprozesses, entsteht ein sogenanntes kreatives Produkt. Dieses zeichnet sich durch Neuigkeitsgehalt und Wertigkeit aus. Der Weg, der zu diesem Produkt führt sollte dabei innovativ und neu sein.[8]

3.4 Killerphrasen

Wie in der 2. Phase des Kreativität Prozesses schon kurz beschrieben, besteht bei jedem kreativen Prozess die Gefahr, diesen durch sogenannte Killerphrasen abzubrechen. Dazu gehören zum Beispiel entmutigende Kommentare und negativen Gedanken, die gegen eine geäußerte Idee gebracht werden. Sie hat fatale Folgen für den kreativen Prozess;

---

[7] Kreativitätstechniken.info
[8] Vgl. Arenberg, P.: 2015, S.20

Denkvorgänge werden blockiert und die Kommunikation wird abgebrochen. Dies wirkt sich oftmals auch auf die Emotionen der Betroffenen aus. Negative Gefühle stauen sich an und die Individuen fühlen sich beleidigt und zurückgewiesen. Solche Killerphrasen sollten strengstens verboten werden, anderenfalls ist der kreative Prozess gefährdet. Nonverbale Killerphrasen, wie zum Beispiel ein Nasenrümpfen, bewirken ähnliche Folgen. Das Ergebnis: Ideen werden "gekilled".[9]

Der Grund, warum es dazu kommen kann, dass manch ein Beteiligter die Ideen eines Kollegen negativ kommentiert, ist oftmals simple Rechthaberei. Diese Aussage belege ich mit dem Zitat: „Manche Teilnehmer einer Ideensitzung definieren sich, und ggf. ihren Status, dadurch, dass sie Recht haben".[10] Die unausgereifte Idee des Kollegen wird somit direkt wiederlegt, ohne Rücksicht auf das mögliche Potential. Ein weiterer Grund für Killerphrasen ist der Faktor Macht, wobei Einwände oftmals nicht auf Sachkenntnis basieren, sondern vielmehr auf die Position der Person. Es gibt glücklicherweise aber Methoden, um dem "killenden" Prozess entgegenzuwirken. Die Moderation eines Ideenprozesses (es ist förderlich, diese regelmäßig zu wechseln, um die Rollen der Mitglieder zu tauschen), sollte diesbezüglich besonders aufmerksam, sensibel und flexibel sein. Es hilft schon, klare "Spielregeln" für die einzelnen Phasen zu vereinbaren und diese auch zu visualisieren. Jeder Teilnehmer sollte sich über diese bewusst sein und sie einhalten. Dabei ist es wichtig, dass bei einem missachten der Regeln, dies explizit und offen angesprochen wird.[11] Killerphrasen sind besonders bei der Kreativitätstechnik „Brainstorming" zu beachten. Abschließend lässt sich sagen, dass es wichtig ist, dass das Team gut zusammenarbeitet und sich die Teilnehmer nicht gegenseitig runter machen. Jegliche Machtspiele sind strengstens untersagt, sonst ist der Kreativitätsprozess gefährdet. Es muss klar sein, dass das Team immer gemeinsam arbeitet und an einem Strang zieht. Alle verfolgen dasselbe Ziel, worüber sich jeder einzelne Teilnehmer bewusst sein muss.

3.5 Kennenlernen und Anwenden der Kreativitätstechniken

Kreativitätstechniken ermöglichen dem Team kreative Denkprozesse, um umfangreiche Probleme zu lösen und auf innovative neue Ansätze zu kommen. In den letzten Jahrzenten entwickelte sich eine Vielzahl an solchen Techniken. Trotz unterschiedlicher Vorgehensweise

---

[9] Vgl. Arenberg, P.: 2015, S.27
[10] Zitat: creapedia.com, Killerphrasen
[11] creapedia.com, Killerphasen

haben sie doch einiges gemeinsam. Die größte Gemeinsamkeit liegt darin, eingefahrene Denkweisen zu verlassen und neuartige Kombinationen zu kreieren. Die Gruppendynamik wird hierbei großgeschrieben und jegliche Vorurteile sollten vermieden werden. Kreativitätstechniken richten sich nach folgenden Grundprinzipien: Analogie, Assoziation, Inspiration und Konfrontation.[12] Zur Einleitung des allgemeinen Verständnis von Kreativitätstechniken, gehe ich auf diese kurz ein.

Es sollte passend eine Technik ausgewählt werden, dessen Prinzip zur Ausgangs-Problemstellung passt. Wie man sich bei dem Prinzip "Assoziation" bereits denken kann, geht es hierbei um die Verknüpfung mehrerer Elemente. In der Praxis bedeutet dies, dass ein Gedanke zum nächsten führt, welcher wiederum zu einem weiteren Gedanken führt. Bei "Analogien" Techniken werden dem Problem ähnliche Bereiche zugeschrieben, und dann anschließend wieder auf das Ausgangsproblem bezogen. Typisch hierbei ist das Suchen nach Analogien in völlig fremden Bereichen (so wurde der Klettverschluss von der Klette abgewandelt).[13] Bei dem Prinzip der Konfrontation geht es wortwörtlich um eine Konfrontation mit völlig fremden Worten, Bildern oder ähnlichem. Dies bezweckt, dass man neue Denkmuster erschafft und sich von gewohnten befreit. Bei Inspirationstechniken versteht man schlicht und ergreifend die gegenseitige Inspiration der Teilnehmenden. Dies baut darauf auf, dass Ideen und Gedanken eines Teilnehmers bei einem anderen Teilnehmer weitere Ideen und Gedanken aufbringen. Grundsätzlich kann man aber zwischen analytischen und intuitiven Kreativitätsmethoden unterscheiden.[14] Analytische Methoden beruhen auf dem Prinzip der Analyse und zergliedern das Problem in mehrere Bestandteile. Dabei wird der Kreativprozess gegliedert und mögliche Lösungsvariablen kombiniert. Bei intuitiven Methoden liegt der Fokus mehr auf der individuellen Kreativität der einzelnen Mitglieder. Spontane und phantasievolle Ideen sind willkommen. Analogien und Assoziationen sollen gebildet werden, um eingefahrene Denkmuster zu verlassen. Als intuitive Methoden werden Bionik, Brainstorming, Dialektik und die Gordonmethode bezeichnet.[15]

---

[12] Vgl. Arenberg, P.: 2015, S.24
[13] Vgl. Brem, A./Brem, S.: 2013, S.23
[14] Vgl. Nagel, K.: 2010, S68
[15] Vgl. Nagel, K.: 2010, S68

3.6 Relevante Methoden der Kreativitätstechniken und deren praktischen Nutzen für die Zuhörer

Da man in Unternehmen meistens in Teams arbeitet, habe ich mich auf Kreativtechniken konzentriert, die für die Arbeit in Gruppen konzipiert sind. Ein Moderationskoffer ist grundsätzlich bei jeder Methode empfehlenswert. Unabhängig davon, nach welchem Grundprinzip man welche Technik auswählt.[16] Bei meiner Präsentation steht mir ein Flipchart und ein Whiteboard, jeweils mit Stiften, zur Verfügung. An Hand dieser kann ich eine oder mehrere gewählte Techniken vorführen und mit den Teilnehmern direkt vor Ort anwenden.

Somit können sie mit mir zusammen ein paar Techniken üben und Unklarheiten werden beiseite geräumt. Nach meiner Einschätzung sind die Methoden Brainstorming, die Hüte-Methode und die Superhelden-Methode für meine Zuhörer besonders relevant und interessant. Folgend werden alle vier Methoden erklärt und auf den praktischen Nutzen für die Zuhörer eingegangen.

Die Hüte-Methode

Diese Technik ist nicht besonders zeitaufwendig; sie dauert in der Regel 20 Minuten bis 2 Stunden. Dabei hat sie einen hohen Spaßfaktor, da es eine Art Rollenspiel ist. Die Methode eignet sich vor allem zur Bearbeitung von komplexeren Aufgabenstellungen. Jeder Teilnehmer nimmt eine Rolle ein, die durch verschiedenfarbige Hüte symbolisiert wird. Jede Rolle zeichnet sich durch eine bestimmte Denkweise oder einen Blickwinkel aus. Dabei liegt die Konzentration auf einen bestimmten Aspekt. Dies ermöglicht das Problem aus unterschiedlichen Perspektiven zu betrachten.[17] Die Symbolik der Hüte kann individuell angepasst werden. Ein Beispiel für unterschiedliche Charakteristika wäre:

- *Weißer Hut*
  Rationales, analytisches, objektives Denken mit der Konzentration auf die Tatsachen
- *Roter Hut*
  emotionales Denken mit der Konzentration auf den Gefühlen und Meinungen
- *Schwarzer Hut*
  Kritisches Denken mit der Konzentration auf mögliche Risiken, auf Kritik, auf Ängste und Widerstände
- *Gelber Hut*

---

[16] Vgl. personalmanagement.info; Kreativitätstechniken zur Ideenfindung in Unternehmen
[17] Vgl. Brenner, J./Christiansen, H.: faktor-a.arbeitsagentur.de

Optimistisches Denken mit der Konzentration auf das so genannte bestmögliche Ergebnis

- *Grüner Hut*
  Kreatives Denken, das auf Assoziationen beruht mit der Konzentration auf neuen Ideen

- Blauer Hut
  Ordnendes Denken, das moderierend wirkt mit der Konzentration auf die Strukturierung des Prozesses[18]

Die Superhelden Methode

Diese Technik ist ebenfalls, sowie die Hüte-Methode, eine sehr auflockernde und spaßige Methode. Sie eignet sich besonders gut bei neuen Teams, wo sich die Mitglieder noch nicht so gut kennen, oder wo noch wenig Erfahrung in der kreativen Zusammenarbeit besteht. Der Pluspunkt bei dieser Technik ist, dass selbst zurückhaltende Teammitglieder die Chance bekommen aus sich herauszukommen und ihren Ideen freien Lauf lassen können. Sie basiert auf dem Populärwissen von Superhelden (Superman, James Bond, Spiderman, etc.). Die Mitglieder fühlen sich somit freier und es fällt ihnen leichter außerhalb der Norm zu denken. Dies ist eine sehr gute Möglichkeit, um alte und festgefahrene Denkstrukturen zu ändern und sich völlig unabhängig von Normen in den kreativen Prozess einzubringen. Dieses Kinderähnliche Denkverhalten hilft ihnen dabei auf Ideen zu kommen, auf die sie normalerweise nicht kommen würden.[19]

Brainstorming

Diese Technik ist wohl die bekannteste und wahrscheinlich auch die älteste unter allen Kreativitätstechniken. Sie wurde von Alex F. Osborn, zusammen mit seiner Partnerin entwickelt. Geeignet für Gruppen von 4 – 12 Teilnehmern, folgt sie dem Grundprinzip der freien Assoziation.[20] Brainstorming bedeutet innerhalb kürzester Zeit eine möglichst große Menge an Ideen zu sammeln. Dabei wird zu Beginn eine Zeit festgelegt, die bis zum Ende durchgehalten werden muss; meistens handelt es sich dabei um 20 – 45 Minuten. Es ist typisch, dass das Team innerhalb dieser Zeit Wellen durchläuft. Es gibt eine Hoch- und Tiefphase. Außerdem ist es üblich, dass kurze Zeit eine Stille herrscht. Dies ist völlig normal und unbedenklich. Was für Ideen innerhalb dieser Zeit entstehen ist vorerst uninteressant; Quantität geht vor Qualität, was eine der 4 Regeln des Brainstormings ist. Umso mehr Ideen

---

[18] Vgl. Arenberg, P.: 2015, S.31
[19] Vgl. personalmanagement.info; Kreativitätstechniken zur Ideenfindung in Unternehmen
[20] Vgl. Arenberg, P.: 2015, S.26

am Ende zustande kommen, umso größer ist die Wahrscheinlichkeit, dass etwas Gutes dabei ist. Eine weitere Regel wäre, dass Kritik strengstens untersagt ist. Die Mitglieder sollen frei und ohne Hemmungen ihre Ideen aussprechen können und sich keine Sorgen machen, von anderen Teammitgliedern, oder sogar vom Chef kritisiert zu werden. Jedes Mitglied nimmt somit eine "neutrale" Rolle ein. Zudem ist es erlaubt Ideenketten zu bilden. Das anknüpfen an der Idee eines Kollegen, bewirkt oftmals das Entstehen eines völlig neuen Denkansatzes, auf den man alleine nicht gekommen wäre. Bei dieser Regel wird die Wichtigkeit der Teamarbeit besonders deutlich.

Die Mitglieder sollten sich gegenseitig unterstützen. Die letzte Regel des Brainstormings nennt sich nach Osborn "Free-wheeling is welcomed". Diese Regel betont noch einmal, dass die Mitglieder ihre Gedanken und Ideen hemmungslos mitteilen sollen. Je außergewöhnlicher, seltsamer und phantasievoller die Gedanken, desto besser. Da es nicht jedem Mitarbeiter leicht fällt, sich bei einem Brainstorming völlig frei zu äußern, droht diese Kreativtechnik aufgrund von Killerphrasen zu scheitern.[21] Auf diese bin ich zuvor in meiner Präsentation bereits eingegangen und betone hier noch einmal deren Wichtigkeit. Ein Moderator, der darauf achtet, dass die 4 Regeln eingehalten werden, ist für diese Methode essentiell. Die Vorteile für die Teilnehmer des Brainstormings sind die schnelle und leichte Erlernbarkeit der Methode, die schnelle Durchführbarkeit und die hohe Flexibilität, die geringen Kosten und das Beseitigen von Denkblockaden. Zudem sind die Teilnehmer an der Mitarbeit motiviert, da sie sich einbezogen fühlen und alle Teilnehmer gleichberechtigt sind.[22]

Am Ende meiner Präsentation starte ich eine Diskussionsrunde. Hier haben die Zuhörer die Möglichkeit über den praktischen Nutzen der Kreativitätstechniken zu diskutieren. Außerdem können so offene Fragen beantwortet werden und von eigenen Erfahrungen berichtet werden. Zudem habe ich dadurch die Möglichkeit ein Feedback von meinen Zuhörern zu bekommen.

3.7 Gliederung und zeitliche Planung

Damit die Zuhörer der Präsentation folgen können, ist es wichtig diese zu gliedern und in eine Einleitung (etwa 2 Minuten), einen Hauptteil (etwa 15 Minuten) und einen Schluss (etwa 2 Minuten) einzuordnen. Laut Thiele besteht die Einleitung aus einem Opener, dem Thema, dem Ziel und der Kernbotschaft. Im Hauptteil wird auf die Kernbotschaft eingegangen und im

---

[21] Vgl. J. G. Rawlinsom, 2017
[22] Vgl. Arenberg, P.: 2015, S.28

Schlussteil wird ein Fazit gezogen und in eine Diskussion übergeleitet.[23] Ich habe eine Stoppuhr in meinem Vortrag dabei, damit ich mich an diese Zeiteinteilung halten kann.

3.8 Medieneinsatz

Medien sind zwar kein Ersatz für ein gutes Präsentationskonzept, sie können jedoch die Aufmerksamkeit der Zuhörer steigern. Die Mediengestaltung ist dabei wichtig, denn falsch eingesetzte oder ungeschickt gestaltete Medien können zur Verwirrung der Zuhörer führen.[24] Bei meiner Präsentation steht mir ein Flipchart bereit. Dieses nutze ich als den ständigen Begleiter meiner Präsentation. Ich habe dort einen Gesamtüberblick über die Inhalte meiner Präsentation abgebildet. Somit stehen diese meinen Zuhörern ständig zur Verfügung; dementsprechend wissen sie immer über welchen Punkt ich gerade spreche und was als nächstes vorgestellt wird.[25] Ein Handout muss ich daher nicht austeilen. Ich verwende eine Power Point Präsentation, um die Einzelaspekte des jeweiligen Punktes zu beleuchten. Die Folien sind knapp und beschaulich gestaltet, sodass sie die Zuhörer nicht verwirren können. Die Kernaussagen bleiben aufgrund der Visualisierung besser bei den Teilnehmern an und sie können diese leichter verinnerlichen.

---

[23] Vgl. Thiele, A.: 2010, S.85
[24] Vgl. Weyer, B.: 2013, S.209
[25] Vgl. Weyer, B.: 2013, S.210

4) Foliengestaltung (Power Point-Folie)

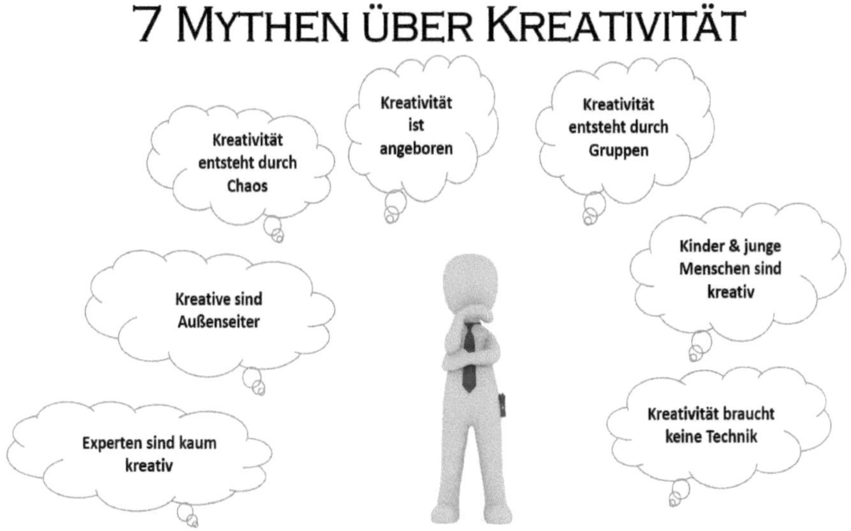

Abbildung 1: 7 Mythen über Kreativität

Quelle: Eigene Darstellung

Ich habe mit Hilfe von Power Point eine Folie über die 7 Mythen über Kreativität kreiert. Ich habe die Folie so schlicht es geht gehalten und mich bei dem Text kurzgehalten.

Denn es ist wichtig, dass die Folie stets übersichtlich und strukturiert bleibt. Die gewählte Überschrift fasst die Zentrale Idee der Folie zusammen. Die kleinen Denkblasen visualisieren, was ich in der Präsentation über die 7 Mythen erzähle.[26] Dies hilft den Zuhörern diese richtig zu verstehen und sich gedanklich damit zu beschäftigen. Ich habe bei den Denkblasen absichtlich die Farbe Grün gewählt, da diese sich als beruhigend, entspannend, frisch und positiv auf die Zuhörer auswirkt. Zudem lenkt Farbe die Wahrnehmung auf die Folie und wirkt dabei unterstützend. Monotonie und Eintönigkeit wird somit unterbunden und die Informationsaufnahme fällt den Zuhörern leichter.[27] Die Mitglieder der Veranstaltung können mir, dank der Folie besser folgen und verstehen den Inhalt besser. Das Gesagte bleibt zudem besser im Gedächtnis. Dies argumentiere ich auf Basis der Erkenntnisse von Brunye, T.T und Taylor, H.A./Raap (D.N.: 2008).

---

[26] Vgl. Lehrerfortbildung-bw.de
[27] Vgl. Arenberg, P.: 2015, S.98

5) Erfolg einer gelungenen Präsentation

Eine erfolgreiche Präsentation lässt sich an bestimmten Faktoren messen. Dabei kann man zwischen Kommunikationstheoretischen Grundlagen bzw. rhetorischen Wirkungsmitteln und Elementaren bzw. Inhaltlichen Wirkungsmitteln unterscheiden. Zu inhaltlichen Wirkungsmitteln einer gelungenen Präsentation zählen ein klares Ziel, sowie eine klare Struktur, ein Spannungsbogen und übersichtliche Visualisierungen.[28] Der Erfolg einer Präsentation hängt natürlich nicht nur vom Aufbau und von der Struktur der Präsentation an sich ab. Man sollte zu Beginn der Präsentation die Kommunikationssituation klarstellen. Nur so weiß man, was die Zuhörer von einem erwarten.[29] Die Art wie man präsentiert, bzw. wie man kommuniziert ist schließlich ein sehr wichtiger Erfolgsfaktor. Es findet immer eine Kommunikation statt, egal ob verbal oder nonverbal durch die Körpersprache. Dies argumentiere ich nach den pragmatischen Axiomen von Paul Watzlawick; man kann nicht nicht kommunizieren. Der Erfolg einer Präsentation hängt stark vom Auftreten des Sprechers ab. Es ist auf Tonfall, Sprechtempo, Stimmlage, etc. zu achten. Im Allgemeinen wird angenommen, dass Kommunikation zu 7% aus den gesprochenen Worten, zu 38% aus Stimme und Stimmlage und zu 55% aus Körpersprache besteht. Dr. Albert Mehrabian entwickelte dazu die 7-38-55% Regel. Ein sicheres und selbstbewusstes Auftreten sind dabei wichtige Kriterien, auf die der Redner achten sollte; "[...*if words and body languge disagree, one tends to believe the body language...*]"[30]. Neben der Körpersprache, ist es wichtig drauf zu achten, dass man sich stets kurzhält und die Zuhörer nicht mit zu vielen Informationen überschüttet. Man sollte den Fokus nicht verlieren; ein roter Faden ist dabei eine Hilfe.[31] Dies bedeutet, dass die Präsentation eine logische und strukturierte Abfolge hat. Die Zuhörer können so dem Vortrag folgen. Demnach ist es von Vorteil, den Zuhörern gleich zu Beginn einen Überblick über die Präsentation zu geben; so bleiben sie aufmerksam. Hierzu leitet sich die Pyramiden Struktur nach Barbara Minto ab. Der Kern der Struktur ist es, dass die Kernaussage zu Beginn eines Vortrages/Präsentation erfolgen soll. Dies ist darauf zurückzuführen, dass unser Gehirn versucht lose Informationen einzuordnen und einen Zusammenhang herzustellen. Somit bleiben die Zuhörer während des Vortrages auf die Kernaussage fokussiert und können dem Vortrag besser folgen.[32] Zudem ist es eine Hilfe sich

---

[28] Vgl. Kierdorf, C., Klee, D., Weber, B.: 2010
[29] Vgl. Händel, D., Kresimon, A., Schneider, J.: 2015, S.105
[30] Zitat: Prof. Mehrabian, rightattitudes.com
[31] Vgl. Kierdorf, C., Klee, D., Weber, B.: 2010
[32] Vgl. Minto, B.: 2005, S. 19

unter anderem nach den Regeln aus der Verkaufspsychologie zu richten; Reziprozität, Knappheit, Autorität, Konsistenz, Commitment, Sympathie und soziale Bewährtheit.[33]

6) Lernerkenntnisse

Bisher kannte ich Präsentationen nur aus der Schule, wobei ich mich dort noch nie so ausführlich mit einem Thema beschäftigt habe. Ich konnte bei dieser Präsentation mehr in die Tiefe gehen, ich hatte mehr Freiraum und konnte somit eigenständiger Arbeiten. Zudem muss ich zugeben, dass ich noch nie zuvor ein richtiges Konzept einer Präsentation erstellt habe. Ich habe mich mit einem Thema auseinandergesetzt, mir jedoch keine richtigen Gedanken über den Ablauf meiner Präsentation gemacht. Es zählte lediglich nur die Begrüßung, die Einleitung, der Hauptteil und der Schluss.

Ich kann durchaus sagen, dass ich durch diese Einsendepräsentation eine neue Art entdeckt habe, an Präsentationen zu arbeiten und diese professionell vorzubereiten. Meine Gedanken waren während der Arbeit strukturierter und ich wusste wodrauf ich achten muss. Mir wurde außerdem klar, wie wichtig es ist eine Kernbotschaft zu präsentieren und diese auch als eine Art roten Faden in der Präsentation zu sehen, woran ich mich öfters orientieren konnte.

Zudem konnte ich viel über Kreativität im Allgemeinen lernen und natürlich über Kreativitätstechniken. Natürlich war mir zu Beginn meiner Arbeit bewusst, was genau Kreativität bedeutet, allerdings war ich mir über das kreative Denken nicht ganz im Klaren. Es hat mir Spaß gemacht, zu diesem Thema zu Forschen und ich habe viel für mich persönlich dazugelernt. Unter Kreativitätstechniken war mir bisher nur der Begriff "Brainstorming" bekannt, ich wusste allerdings aber auch nicht genau wie diese Methode anzuwenden ist und worauf es ankommt.

Ich werde meine zukünftigen Präsentationen geplanter und strukturierter erarbeiten. Sich gleich zu Beginn ein Konzept aufzustellen, ist ab jetzt essentiell für mich. Sich die Arbeit Stück für Stück einzuteilen erleichtert einiges.

---

[33] Vgl. arbeitsblaetter.stangl-taller.at; Präsentations- und Vortragstechnik: Rhetorik

Literaturverzeichnis

Amabile T.M.: The Social Psychology of Creativity, 1998, S.86

Arenberg, P.: 4. Auflage, 2015, Studienbrief SRH Fernhochschule, Kreativitäts- und Präsentationstechniken

Buchauszug: Benedikt, H.-P.: Möglichkeiten und Grenzen der Förderung intrinsischer Motivation bei Mitarbeitern, im: **Beitner, R.** (Hrsg.), Personalmanagement in der Vertriebssparkasse, Stuttgart 2004, Seite 221-226

Brem, A./Brem, S.: Kreativität und Innovation im Unternehmen. Methoden und Workshops zur Sammlung und Generierung von Ideen. Schäfer-Poeschel. Stuttgart 2013

Csikszentmihalyi, M.: The Psychology of Optimal Experience, 2014

Guilford J.P.: The nature of human intelligence. McGraw-Hill, New York 1967

Hackmann, Oldham: 1980, Quellen intrinsischer Motivation

Händel, D., Kresimon, A., Schneider, J.: 2015, Schlüsselkompetenzen: Reden-Argumentieren, Überzeugen, S.105

J. G. Rawlinsom: Creative Thinking and Brainstorming, 2017

Kierdorf, C., Klee, D., Weber, B.: 2010, Erfolgs- und Misserfolgsfaktoren einer Präsentation

Minto, B.: Das Prinzip der Pyramide; Ideen klar, verständlich und erfolgreich kommunizieren 2005

Nagel, K.: Kreativitätstechniken in Unternehmen, Das Radar-System, 2010

Weyer, B.: Präsentationstechnik: Mehr Erfolg durch Visualisierungen bei Vortrag und Verkauf 2013

Internetquellen

Arbeitsblaetter.stangl-taller.at; Präsentations- und Vortragstechnik: Rhetorik;
arbeitsblaetter.stangl-taller.at/PRAESENTATION/rhetorik.shtml

Creapedia.com; Killerphrasen;
http://www.creapedia.com/wiki/Killerphrasen

faktor-a.arbeitsagentur.de; Die drei besten Tricks für gute Ideen;
https://faktor-a.arbeitsagentur.de/arbeitswelt-gestalten/kreativitaet-drei-tricks-fuer-gute-ideen/

Kreativitätstechniken.info; Tipps, Tricks und Know-How zu Kreativität;
https://kreativitätstechniken.info/kreativitaetsframeworks/

Lehrerfortbildung-bw.de; Präsentationen;
https://lehrerfortbildung-
bw.de/st_digital/medienwerkstatt/office/praes/impress2/swf/praesentationsprinzipien_zus.pdf

Personalmanagement.info; Kreativitätstechniken zur Ideenfindung in Unternehmen;
http://www.personalmanagement.info/hr-know-how/fachartikel/detail/-03fbbb2c2f/

rightattitudes.com; Prof. Mehrabian, Right Attitudes, Ideas for Impact;
http://www.rightattitudes.com/2008/10/04/7-38-55-rule-personal-communication/

Abbildungsverzeichnis

Abbildung 1:

7 Mythen über Kreativität

Quelle: Eigene Darstellung